T0149674

¿CREYENTES O SIMPATIZANTES?

Número de Control de la Biblioteca del Congreso de EE. UU.:   2018906344
ISBN: Tapa Dura   978-1-5065-2545-7
                 Tapa Blanda   978-1-5065-2544-0
                 Libro Electrónico   978-1-5065-2546-4

Información de la imprenta disponible en la última página.

Fecha de revisión: 25/05/2018

Para realizar pedidos de este libro, contacte con:
Palibrio
1663 Liberty Drive, Suite 200
Bloomington, IN 47403
Gratis desde EE. UU. al 877.407.5847
Gratis desde México al 01.800.288.2243
Gratis desde España al 900.866.949
Desde otro país al +1.812.671.9757
Fax: 01.812.355.1576
ventas@palibrio.com
769345

ÍNDICE

AGRADECIMIENTO

Primeramente, a nuestro Señor Jesucristo,
a mi esposa Candy, a mis hijos María y Enrique Jr.,
los cuales fueron de gran inspiración
para la preparación de este libro.

CAPÍTULO I

INTRODUCCIÓN

"Más Jesús se retiró al lago con sus discípulos, y le siguió **gran multitud** de Galilea y de Judea, de Jerusalén de Idumea, del otro lado del Jordán y de los alrededores de Tiro y Sidón oyendo cuán grandes cosas hacía, **grandes multitude**s vinieron a él. Y dijo a sus discípulos que le tuviesen siempre lista la barca a causa del gentío para que no le oprimiesen. Porque había sanado a muchos; de manera que por tocarle" (Marcos 3:7- 10). ¿Esta multitud, era realmente creyente en Jesucristo? ¿Solo le seguían por mera simpatía? ¿Por las cosas que Jesús hacía por algunos de ellos? ¿Creían ellos en verdad en Jesucristo? Hoy también podríamos hacernos esas mismas preguntas con respecto a las multitudes que se reúnen todos los domingos en sus los templos o lugares religiosos.

El propósito de este libro, entre otras cosas, es, como podemos identificar a aquellos que solamente por haber oído de Dios por medio de las tradiciones, han desarrollado una gran *simpatía* por Él. Además, identificar aquellos que por medio de la Biblia y por medio de su fe han podido encontrar una relación personal con Dios y como consecuencia de esto se han convertido en **verdaderos creyentes** en Él. Este libro nos va a enseñar que hay que salir de la *multitud* que simplemente simpatiza con Dios, y que podamos ser *fieles creyentes* de nuestro Señor Jesucristo. Debemos conocer la diferencia entre ser *simpatizantes* de Dios o creyentes verdaderos. Durante el curso de este libro, se verán los dos lados. Además, señalaré las características de cada uno y los beneficios para el creyente y los resultados negativos para aquellos que solamente *simpatizan.*

Durante todo el trabajo de investigación que se hizo para completar este trabajo, se pudieron recopilar entre otros, los puntos de vista de varias personas y que ellos creen con respecto a este tema. Vamos a tener la oportunidad de poder leerlos y de poder también opinar utilizando nuestros puntos de vista.

Les exhorto a través de esta obra, abrir los ojos a una verdad que existe desde el principio de la creación, tenemos que creer, servir y adorar a Dios y esto debe ser de la manera que El mismo estableció para nuestro beneficio. No podemos ser como los demás; tenemos que ser como Él quiere. Dios nos ha dado todas las herramientas necesarias para salir de la multitud, que a pesar de que sabe que hay un Dios, solamente le conoce por las costumbres de la sociedad o de sus antepasados.

La herramienta principal que nuestro Creador nos ha dado para ser *creyentes* verdaderos es la fe. Dice la Biblia: "Sin fe es imposible agradar a Dios; porque es necesario que el que se acerca a Dios crea que Él existe, y que es remunerador de los que le buscan" (Hebreos 11:6). Esa fe, es la que mueve al creyente a hacer la voluntad de Dios en toda su capacidad y los lleva a un estado de convicción donde la duda no tiene lugar. Al respecto a esto la Palabra dice: "Ahora bien, la fe es la certeza de lo que se espera, la convicción de lo que no se ve" (Hebreos 11:1).

Llegar a ser un buen *creyente* no es fácil, pero Dios ha prometido estar a su lado todos los días de sus vidas hasta el final. El Espíritu Santo se encargará de guiarlos, cuidarlos, enseñándoles y aconsejándoles para que se mantengan firmes en su fe. El Señor los hará vencedores y de esa manera poder vivir una vida llena de paz y de esperanza y así lograr lo que todo creyente fiel espera, vida eterna.

Al hombre de la multitud que simpatiza con Dios, no tiene a Dios. Él no es lo más importante en su vida, sino todas las cosas materiales que le rodean los cuales algunas podrían causar algo de solución temporera. Ellos no tienen el convencimiento total de la verdad de Cristo, sino que la disfrazan con una máscara de creyente. El objetivo de este trabajo es que no vayan a caer en el error de no poder distinguir entre el creyente y el simpatizante. Que entendamos que hay una esperanza para la multitud que simpatiza y un galardón para creyentes fieles.

"Dios no es dios de multitudes,
sino de hombres y mujeres
de fé, en Él" E.B.P

CAPÍTULO II

IDENTIFIQUEMOS A LA MULTITUD SIMPATIZANTE

El autor quiere comenzar este capítulo con el principio de todas las cosas, Génesis. Aquí comenzó todo, principalmente la creaci6n del hombre. La narraci6n bíblica de la creación del ser humano es la única informaci6n fundamental aceptable, porque presenta la revelación que Dios le dio al hombre sobre el acto creador. La Biblia claramente dice que: "creó Dios al hombre a su imagen, a imagen de Dios lo creó" (Génesis I:27). "Entonces Jehová Dios formó al hombre del polvo de la tierra, y sopló en nariz aliento de vida, y fue el hombre un ser viviente" (Génesis 2:7).

La Creación

Que el ser humano fue creado directamente de la mano de Dios, es algo que se puede probar con la siguiente evidencia: (a) Es la única información autorizada. "Tu sólo eres Jehová; tú hiciste los cielos y la tierra y todo lo que está en ella..." (Nehemías 9:6). Todas las demás explicaciones se basan en meras teorías que jamás podrán ser confirmadas. (b) Fue aceptada y corroborada por Jesús. "¿No habéis leído que, el que los hizo al principio, varón y hembra los hizo?" (Mateo 19:4). (c) El ser humano no es obra de la casualidad. Su totalidad, cuerpo, alma y espíritu es una obra especial que demuestra haber sido diseñada por una mente perfecta y desarrollada por una mano poderosa. "Él nos hizo, y no nosotros a nosotros mismos" (Salmo 100:3).

A esto, se le puede añadir lo que dicen las Escrituras: "Le has hecho poco menor que los ángeles, y lo coronaste de gloria y de honra" (Salmo 8:3). Si, el Señor otorgó al hombre cualidades especiales. Él era una copia espiritual de su Hacedor, puesto que fue creado a su "imagen" y "semejanza"; no en lo físico, porque Dios es Espíritu (Juan 4:24), y como tal "no tiene carne ni huesos" (Lucas 24:39). El ser hecho a la imagen de Dios dotó al hombre de "personalidad", pues poseyó inteligencia, sentimientos y voluntad, al igual que su Creador.

En cierta ocasión conversaba con (omitimos el nombre) el propietario de un restaurante de San Antonio, de los asuntos del Señor. En ese lugar hay varias fotos y estatuas de santos hechas de yeso. A la mesera que nos atendía, le hice una invitación al templo. Ella le informó al propietario que yo era ministro y al rato se llegó a la mesa. Nos saludó y me preguntó cuál era mi opinión con respecto al problema de Israel y Palestina. Le expliqué que ese problema era parte de las profecías y que eran indicadores de la venida de Cristo. Le pregunté: ¿eres salvo? y me contestó, "sí, yo y mi familia somos católicos y vamos al templo a veces los domingos." Además, agregó, "para que yo y mi familia fuéramos salvo, no tengo que estar metido en la iglesia todos los días. Y quiero que sepas que somos hijos de Dios porque Él nos hizo." [1]

Este concepto de salvación es incorrecto de acuerdo a la Palabra de Dios. Primero, esta persona puso su religión como medio de salvación. Segundo, él patrocina imágenes e ídolos, los cuales la Biblia los condena. Tercero, tiene una opinión muy pobre

---

[1] Conversación con dueño de negocio en San Antonio, octubre 2001

con respecto a congregarse. La gran multitud que simpatiza con el Señor, opinan que su posición es correcta solamente por ser creación de Dios.

Dios puso al hombre en el mundo con un objetivo: los humanos deben formar una sociedad que tema y sirva a Dios. "Reconoced que Jehová es Dios; Él nos hizo, y no nosotros a nosotros mismos; Pueblo suyo somos y ovejas de su prado" (Salmos 100:3). Como "pueblo" somos llamados a constituir un reino en el cual tribute honor y gloria al "Rey de reyes y Señor de señores" (Malaquías 1:14). Como ovejas debemos considerarnos y actuar como un solo rebaño que Él ha formado y reconocerle como nuestro Pastor.

El objetivo supremo del género humano es ser el pueblo que Jesús compró con su sacrificio. "Pues si vivimos, para el Señor vivimos; Y si morimos, para el Señor morimos. Así pues, sea que vivamos o que muramos, del Señor somos" (Romanos 14:8). El apóstol Pablo en este pasaje exhorta a los cristianos a acabar con ese egoísmo que ha invadido y está destruyendo al mundo pecador. También se puede descubrir en este versículo que el hombre no es un ser cuya existencia está limitada ni sujeta a esta vida terrenal. El Apóstol sabía que un gran número de personas, pensaban solo en ellos, sin importarles a quien ellos pertenecían. Dios hizo al hombre y a la mujer y los puso en este mundo para que reflejaran su amor y le dieran honra y gloria, no solo aquí y ahora, sino por la eternidad.

Hoy día los templos están llenos de simpatizantes del evangelio, que se ponen primero ellos y a veces, el Señor no está en sus prioridades. Anteponen familia, trabajo y pasatiempos, olvidando el sacrificio del Señor en el Calvario por cada uno de ellos. Pero a pesar del conocimiento de la Palabra, estos hacen caso omiso a su verdadera vida espiritual.

Otro objetivo supremo del hombre es ser el templo de Dios y del Espíritu Santo. ¿O ignoráis que vuestro cuerpo es el templo del Espíritu Santo... y que no sois vuestro?" (1 Corintios 6:19). En este pasaje a los corintios no sólo se corrobora la creación del cuerpo humano por la obra directa de Dios, sino que se le asigna a este una función muy especial, un privilegio sublime: como templo del Espíritu Santo tiene la oportunidad de servir a Dios y al prójimo. La multitud que aparta su vista de las cosas del Espíritu, llenando su cuerpo y su corazón de odio, discordia, celos, arrebatos, e ira, dice la Biblia, "que no heredaran el reino de Dios."

Un día del mes de marzo, entrevisté a un joven de 14 años de nombre Adrián Ortiz. Supe que se había apartado de su congregación; que desde niño visitaba con sus padres y era miembro de la Sociedad de

Jóvenes. Le pregunté qué le había pasado. Me contestó, "Me fui de la iglesia porque me pusieron en disciplina por haberme puesto dos aretes en mis orejas. Además, me hice un tatuaje en el brazo y no creo que eso sea ningún pecado. Mis padres no están de acuerdo conmigo." Añadió, además: "Mis padres están pensando moverse de congregación." No creo que después de tantos años recibiendo palabra de Dios, tanto el hijo como los padres no hayan entendido o aprendido que nuestro cuerpo es el templo del Espíritu Santo; que no debemos hacerle ningún daño.[2]

---

[2]   Entrevista con Adrián Ortiz, marzo 2002

"Dios creó al hombre perfecto e inmortal pero por desobediencia a Él el hombre cayó y perdió esa perfección y el privilegio de la vida eterna. Ahora el hombre por medio de su arrepentimiento y de reconocer a Jesucristo como hijo de Dios podrá recobrar la perfección y la vida eterna." E.B.P.

sea pequeño o sea grande, para Dios es importante. En Su Palabra hallamos preceptos, principios y promesas que nos guían cuando buscamos Su voluntad. Por supuesto, esto no quiere decir que tengamos que volvernos fanáticos sobre este punto y dejar de tomar decisiones sobre la base del sentido común y la dirección del Espíritu.

Debemos buscar la voluntad de Dios, pero hay muchas cosas en nuestras vidas que las podemos hacer sin preguntarle, porque ya Le conocemos y sabemos lo que está escrito en su Palabra. Nuestro Señor quiere que crezcamos a tal nivel, que podamos actuar de acuerdo a lo que hemos aprendido.

En una sesión de consejería con el Hermano Morales, le pregunte, "¿Quieres que tu hijo toda la vida este preguntándote que va a hacer? Me contestó, "No, quiero que desde ahora mi niño comience a aprender de mí, hasta que él crezca y comience a vivir de acuerdo a lo que ha aprendido de mí sin estar siempre preguntando, "¿Que hago ahora?" Esa es la manera que Dios quiere que procedamos en nuestro diario vivir, pero tenemos que buscar el crecimiento espiritual.[5]

Esto no significa que por orgullo querremos actuar independientemente de Dios o, peor aún, que

---

[5]   Sesión de consejería con la familia Morales, diciembre 2000

intentemos utilizar a Dios para conseguir nuestros propósitos egoístas. Dios no es nuestro esclavo celestial al que le decimos lo que debe hacer. En nuestro ambiente religioso, muchos quieren "usar" a Dios, como la "Lámpara de Aladino". Cada vez que queremos algo de Él, "frotamos la lámpara para que salga el génio y después que haya habido el milagro lo volvemos a poner de nuevo dentro de la lámpara. A veces no vemos nuestra oración contestada porque le queremos usar en vez de clamarle.

Algo que debe aprender el creyente es que no se puede independizar de Dios. Necesita la provisión Divina para sustentarle físicamente, y necesita la voluntad y Palabra divina para hacerlo espiritualmente. El éxito, la alabanza de los hombres, incluso la bendición de Dios, pueden inflar tanto el ego que lleguemos a pensar que nos podemos arreglar sin Dios. Hablando del rey Uzias, dice la Biblia: "Y su fama se extendió lejos, porque fue ayudado maravillosamente, hasta hacerse poderoso. Mas cuando ya era fuerte, su corazón se enalteció para su ruina; porque se reveló contra Jehová su Dios" (2 Crónicas 26:15-16).

El mismo Moisés hizo esta misma advertencia al pueblo de Israel: "Cuando Jehová tu Dios te haya introducido en la tierra que juró a tus padres Abraham, Isaac y Jacob que te daría... cuídate de no olvidarte de Jehová, que te sacó de la tierra de Egipto, de casa de servidumbre" (Deuteronomio 6:10,12). No nos sorprende que el apóstol Pablo estuviera agradecido por el "aguijón" que tenía en su carne. "porque cuando soy débil, entonces soy fuerte (2 Corintios 12: 10). Tenga cuidado cuando piense que "ya ha llegado". Cuidado cuando piense que es usted muy importante; que Dios no se las podrá arreglar sin usted. Cuidado cuando piense arrebatarle a Dios la gloria que solo Le pertenece a Él. En los años 60 hubo una agrupación musical inglesa, muy renombrada a nivel mundial, los Beatles. En cierta ocasión uno de ellos dijo: "Somos más famosos que Dios." Esta declaración no fue hecha en una forma de orgullo o de quitarle la gloria a Dios sino fue el público idólatra quien les hizo pensar de esa forma.

"En realidad, sin fe es imposible agradar a Dios, ya que cualquiera que se acerca a Dios tiene que creer que él existe y que recompensa a quienes lo buscan" Hebreos 11:6 NVI

Simpatizantes e Incrédulos

El cristianismo ha llegado a un punto que la mayoría de los templos están repletos de seguidores falsos. Esto lo podemos entender de esta forma: Primero, le damos la oportunidad a Satanás para que entre en nuestras vidas, hogares e iglesias. De una pequeña oportunidad que le demos, él se va a apoderar de otras áreas más importantes. Hay algunas oportunidades que él aprovecha, y están explicadas en la Palabra de Dios, "Por lo cual, desechando la mentira, hablad con verdad cada uno con su prójimo; porque somos los unos de los otros. "Airaos, pero no pequéis; no se ponga el sol sobre nuestro enojo, ni deis lugar al diablo. El que hurtaba, no hurte más, sino trabaje, haciendo con sus manos lo que es bueno, para que tenga qué compartir con el que padece necesidad. Ninguna palabra corrompida salga de vuestra boca, sino la que sea buena para la necesaria edificación, a fin de dar gracia a los oyentes. Y no contristéis al Espíritu Santo de Dios, con el cual fuisteis sellados para el día de la redención. Quítese de vosotros toda amargura, enojo, ira, gritería y maledicencia, y toda malicia. Antes sed benignos los unos a otros, misericordiosos perdonándonos unos a otros, como Dios también os perdonó a vosotros Cristo" (Efesios 4:25-32).

Consideremos algunos de los pecados que le dan a Satanás la oportunidad que busca, e intentemos comprender porque es así:

(1) La mentira (v 25) Sin lugar a dudas Satanás es un mentiroso. No es de extrañar que la mentira abra la posibilidad de trabajar en nuestra vida (Juan 8:44). Cuando creemos la verdad, el Espíritu Santo puede obrar en nuestra vida. Cuando creemos una mentira, es el diablo el que puede infiltrarse. Tenemos que prestar atención al consejo de Pablo en Filipenses 4:8, "Por lo demás, hermanos, todo lo que es verdadero, todo lo honesto, todo lo justo, todo lo puro, todo lo amable, todo lo que es de un buen nombre; si hay virtud alguna, si algo digno de alabanza, en esto pensad."

Pablo nos da un buen motivo para evitar el engaño, "porque somos tiempo suficiente en la iglesia para ser miembros. Ella me confesó, "Hermano Pastor, mi compañero no es mi esposo. Él solo es inquilino de mi casa y vivimos en recamaras separadas." Le replique, "pero yo siempre los veo juntos y en varias ocasiones los he visto tomado de las manos. Si no están casados deberían casarse." Me contestó, "además no puedo casarme con el porque me

decimos cosas por las que después tenemos que lamentarnos muchos. Y solemos tomar decisiones que resultan ser perjudiciales para nosotros y para los demás. Satanás sabe esto, de manera que nos empuja a cultivar la ira pecaminosa.

(3) *El hurto* (v 28). Satanás es un ladrón: "El ladrón o viene sino para hurtar y matar y destruir; yo he venido para que tengan vida y para que la tengan en abundancia." (Juan 10:10). La experiencia de los endemoniados en el país de los gadarenos es un ejemplo vivido de cómo Satanás roba a sus siervos (Mateo 8:28- 34; Marcos 5:1-20). Satanás arrebató aquellos hombres su cordura, su libertad, sus hogares (vivían en el cementerio), su alegría, su trabajo productivo en la vida, sus reputaciones, su salud (se cortaban con piedras). Y Satanás le hubiera robado sus vidas y sus almas de no haber sido liberado por Jesucristo.

Los empleados que "toman prestadas" cosas de las oficinas están invitando a Satanás a establecer la cabeza de playa en sus vidas. La persona que es capaz de robar un lápiz de escaso valor tiene potencialidad de robar un libro, más caro o una nómina de muchísimo dinero. "El que es fiel en lo muy poco, también en lo más es fiel; y el que en lo muy poco es injusto, también en lo más es injusto (Lucas 16:10). La gran cantidad de "creyentes" en las congregaciones le roban a Dios. "¿Robará el hombre a Dios? Pues vosotros me estáis robando. Pero decís, ¿En qué te hemos robado?" En los diezmos yen las ofrendas. Con maldición estáis maldito, porque vosotros, la nación entera, me están robando" (Malaquías 3:8-9).

No hay necesidad de hacer una lista de las diversas maneras en que podemos robar e intentar luego exculparnos. Todo hombre conoce su propio corazón.

Algunas personas roban tiempo a Dios coma mencionamos anteriormente, y aún hay otras que retienen el dinero que pertenece a otros (Santiago 5:1-6). Es interesante precisar el motivo que ofrece Pablo para que el creyente trabaje y no robe, para que pueda dar a otros. Lo que nos ayuda a gobernar nuestra vida es nuestra relación con los demás, y no solo el temor al juicio divino, "porque somos miembros los unos de los otros."

(4) *El lenguaje sucio* (v 29). Veamos la advertencia de Pablo. "Ni palabras deshonestas, ni necedades, ni truhanerías,

que no convienen, sino antes bien la acción de gracias" (Efesios 5:4). Lo que Pablo está prohibiendo no es un buen sentido del humor, sano y santo; la capacidad de reír es una característica de la madurez y el discernimiento. Lo que el apóstol condena es el humor negro, el humor sucio. Este es un tipo de lenguaje que degrada a la persona, y Dios quiere que nuestro lenguaje sea "bueno para edificación". Dado que decimos sale de nuestro corazón, el lenguaje y el humor impuro son indicios de una imaginación retorcida. No es necesario que una persona lea novelas eróticas ni vea películas pornográficas para tener una imaginación sucia. Si Satanás consigue hacernos pensar en el pecado, luego hablar de él, lo tendrá más fácil para hacernos practicar ese pecado. Cuando hablamos libremente de cosas impuras, pulimos los filos de nuestra convicción; nos acostumbramos a ellas, y pronto nuestras barreras están por los suelos.

(5) *Un espíritu que no perdona* (w 30-32). El creyente que alberga la amargura y la malicia en su corazón, le está concediendo a Satanás uno de los puntos de apoyo más eficientes. Estas actitudes (juntos con las

otras mencionadas), obstaculizan la obra del Espíritu Santo en nuestra vida, lo cual nos arrebata el poder que necesitamos para detectar y derrotar al diablo. La vieja naturaleza se deleita en producir este tipo de veneno. El único remedio es el perdón. Si alguien le ofende, perdónele de corazón. Jesús señala, en Mateo 18:15-17, unos sencillos pasos que hay que dar y nos advierte que nos reconciliemos lo antes posible (Mateo 5:23-26). Cuanto más tiempo alberguemos un espíritu no perdonador, más territorio podrá ganar Satanás en nuestra vida. La experiencia del autor le ha dejado ver hogares, clases de escuela dominical e iglesias enteras debilitadas, y en algunos casos destruidas por "cristianos" que no se perdonan mutuamente. Incluso, si la otra parte implicada no le perdona, perdónele. No puede forzar a nadie a perdonarle, pero lo que sí se puede asegurar es Satanás sea derrotado en su propia vida.

(6) *La murmuración* (v 31, 1Timoteo 3:11; Tito 2:3). Pablo ordena que las esposas de los diáconos y las mujeres más ancianas de la iglesia no se dediquen a "la murmuración maliciosa", esta palabra en griego es *diábolos,* que se traduce como "diablo". La palabra

"diablo" significa "alguien que insulta, un acusador." Cuando los "creyentes" critican e insultan, están haciendo el trabajo del diablo, y ofreciéndole puntos de apoyo para las obras adicionales. El mandamiento de Dios es "No hablarás contra tu prójimo falso testimonio" (Éxodo 20:16). Entre las seis cosas que el Señor aborrece se encuentra, "el testigo falso que habla mentiras" (Proverbios 6:19). "Martillo y cuchillo y saeta aguda es el hombre que habla contra su prójimo falso testimonio" (Proverbios 25:18). El insulto puede dañar a una persona de cerca, como lo hace un martillo, o de más lejos, como una flecha. Pero, sea cual sea la distancia, el daño es letal. Muchos de los grandes y santo varones de la Biblia padecieron por la murmuración y el falso testimonio, incluyendo a Jose, David, Jeremías, Pablo e incluso nuestro Señor Jesús. Muchos de los grandes y santos líderes de la Iglesia, a lo largo de su historia, fueron insultados por sus enemigos.

Es una experiencia dolorosa para un cristiano comprometido ver y escuchar cómo critican su nombre y su ministerio, sobre todo cuando esas críticas provienen de presuntos "creyentes" que afirman hacer el trabajo del Señor al exponer los pecados de sus santos. ¡Cómo se debe regocijar Satanás cuando ve cómo los "cristianos", en sus libros se insultan mutuamente! La Palabra de Dios nos dice cómo tratar a los pecados de los santos. Al respecto la Palabra de Dios dice: "Hermanos, si alguno fuere sorprendido en alguna falta, vosotros que sois espirituales, restauradle con espíritu de mansedumbre, considerándote a ti mismo, no sea que tú también seas tentado (Gálatas 6:1). Además, añade: "Y, ante todo, tened entre vosotros ferviente amor; porque el amor cubrirá multitud de pecados" (1 Pedro 4:8). "El odio despierta rencillas; pero el amor cubrirá todas faltas (Proverbios 10:12).

Esto no quiere decir que el amor ignore el pecado, o que lo permita que siga adelante. Lo único que significa es que el amor por los hermanos nos impide exponer su pecado a los ojos del mundo y de los cristianos más débiles tampoco nos evita aprovecharnos de las faltas de los nuestros para parecer mejores. Hay un viejo proverbio muy sabio que dice: "No laves tus trapos sucios al público." Se ha comprobado que es un buen consejo. También es muy importante no creer todo lo que oye o lee sobre sus compañeros cristianos hasta que haya prueba de ello. "Por boca de dos otros testigos se decidirá todo asunto" (2 Corintios 13: 1).

Satanás es quien acusa y murmura a los hermanos (Apocalipsis 12:10). En muchos centros religiosos, y da dolor y tristeza decirlo, el plato de cada culto es la murmuración. Cuando usted y yo murmuramos, contra los hermanos en lugar de orar y procurar cubrir ese pecado con amor, trabajamos para el diablo. No debería sorprendemos si consigue hacer mella en nuestra vida y utilizar nuestras armas contra nosotros. Cualquier pecado que abriguemos en nuestra vida, que sepamos que está ahí y sin embargo rehusemos admitir y confesar, concederá a Satanás una cabeza de puente para ataques ulteriores. Sabe el autor por experiencia personal que esto no incluye los objetos materiales que están claramente relacionados con el satanismo u lo oculto. Ningún cristiano tiene derecho a poseer tales objetos porque le conceden a Satanás el punto de apoyo que busca. Cuando los cristianos efesios quemaron sus libros de brujería (Hechos 19:18-20), estaban dando un paso gigantesco para derrotar a Satanás.

Uno de los problemas de muchos cristianos, es que consideran el pecado o cualquier objeto cuestionable como "algo sin importancia". Muchos dicen, "eso no es pecado". Para saber si es pecado o no, se debe buscar ¿qué es lo que dice la Biblia al respecto? No lo pasemos por alto. El diablo nos quiere engañar, haciéndonos creer que es algo sencillo. Nada es "poco importante si el diablo lo puede usar contra usted."

Mientras toda la familia regresaba de vacaciones de Miami, el autor y su familia se detuvieron en Nueva Orleans. Allí compraron unas diez mascaras de carnaval pequeñas como de recuerdo. En una visita de la esposa del pastor, la Hermana Sylvia Pérez, dijo que se movieran aquellas mascaritas de la pared porque el Espíritu le había dicho "que aquellas cosas podrían traer problemas al hogar" Ellos estuvieron muy de acuerdo, porque el ambiente en el hogar en aquellos momentos se sentía pesado y tenso. Optaron por moverlas porque consideraron que era de Dios quitarlas y no quisieron pasar por alto la exhortación del Espíritu Santo. Luego la situación en el hogar cambió. Historias como estas se ven a diario en muchos hogares cristianos.[7]

El autor como Pastor, de la Iglesia de Dios Sendas de Amor, en la clase de escuela dominical, hizo un comentario donde dijo: "Nosotros somos los que traemos el diablo a la iglesia", al cual el maestro en un tono de voz arrogante y de "sabelotodo" le dijo, "Pastor, yo no estoy de acuerdo con usted." Al

---

[7] Testimonio personal, julio 2001

de Dios. Sabemos por lo que está escrito en la Palabra de Dios que su conducta es producto del engaño neto de Satanás. Pero muchos hombres voluntariamente han hecho la decisión de oír la voz del diablo la cual es la razón de su caída. Esa rebeldía, aun repercute en sus vidas siendo la razón principal, porque hay muchos que simpatizan con Dios, pero no han tenido una verdadera conversión.

CAPITULO III

EL BUEN CREYENTE, VIVE LA VIDA QUE AGRADA A DIOS

Para poder decir que somos verdaderos creyentes, debemos vivir una vida que honre a Dios. Su deseo es que le seamos fieles en todo y reconocer que Él es Dios. Las exigencias de Dios son factibles y no imposibles. Si es nuestro deseo, podemos cumplir su voluntad. Su mandato, nos da la oportunidad de vivir una vida agradable a Ely una vida con plena comunión con nuestro prójimo. "¿Que pide Jehová tu Dios de ti, sino que temas a Jehová tu Dios que andes en sus caminos, y que le ames, y sirvas a Jehová tu Dios con todo tu corazón y con toda tu alma?" (Deuteronomio 10:12).

Dios es santo, y es evidente en Su Palabra que Él desea que su pueblo también sea santo. Para lograr esto, Dios estableció los Diez Mandamiento para guiar a Su pueblo a un estilo de vida que sea agradable para Él. Dentro de estos Diez Mandamientos estaban los imperativos morales cuyos propósitos eran proteger a Su pueblo del pecado. Cada aspecto de su vida debía ser guiado por la ley de Dios.

El mismo Dios sabía que si su pueblo no recibía una dirección clara, pronto dejaría de servirle a Él. Sin leyes que fueran claras en cuanto a las bendiciones por la obediencia, y los juicios por la desobediencia, su pueblo no Le seguiría.

"Jesús le dijo: Si puedes creer, al que cree todo le es posible" Marcos 9:23 RVR1960

El Creyente

Dios desea que su pueblo Le ame, pero este amor debe estar arraigado a la reverencia por Su santidad. El creyente debe temer el juicio de Dios por el pecado del cual no se ha arrepentido; de la misma manera debe confiar en la provisión amorosa de Dios como respuesta a la obediencia. Si su pueblo hubiera aprendido a reverenciar a Dios de esta manera, las siguientes generaciones habrían seguido a Dios y disfrutado de una vida larga y llena de bendiciones.

Todos estos mandamientos se repiten en el Nuevo Testamento después de la resurrección de Cristo con la excepción del cuarto. El propósito de las leyes de Dios es el mismo que en el Antiguo Testamento. Dios quiere que Su pueblo sea santo. Los creyentes no pueden vivir una clase de vida que imite a los inconversos o simpatizantes de Dios. Nuestra vida debe demostrar muy claramente un amor por Dios en la reverencia que tenemos con Él. La promesa de Dios a los israelitas de tener una larga vida, fue dada en conexión con la promesa de heredar la tierra de Canaán. Esa misma promesa la podemos hacer nuestra. Dios garantiza a los creyentes una vida eterna de compañerismo con

Él en la verdadera Tierra Prometida, los cielos nuevos y la tierra nueva.

Dios exige temor reverencial de los creyentes, "sino que temas a Jehová tu Dios". Hermanos míos, ¿de que aprovechara si alguno dice que tiene fe y no tiene obras? ¿podrá la fe salvarle? Y si un hermano o una hermana están desnudos, y tienen necesidad del mantenimiento de cada y alguno de vosotros les dice, "id en paz, calentaos y saciaos, pero no le dais las cosas que son necesarias para el cuerpo", ¿de que aprovecha? Así también la fe, si no tiene obras, es muerta en sí misma. Pero alguno dirá, "tú tienes fe, y yo tengo obras. Muéstrame tu fe sin obras y yo te mostraré mi fe por mis obras. Santiago, indicó que, si una persona tiene fe en Jesucristo, la misma será evidente en su vida diaria. Sus obras declaran su fe. A los israelitas se le requería temer al Señor. Este temor de hecho es una actitud de reverencia hacia Dios basada en su omnipotencia.

En el Nuevo Testamento, los líderes religiosos habían llevado la obediencia a su forma básica, obediencia simplemente por obedecer. En esa obediencia no se reconocía a Dios. "Si me amáis guardad mis mandamientos" (Juan 14:15). Los creyentes que aman al Señor también guardarán los mandamientos de Cristo. Además, demostrarán el carácter de Dios en su vida por la manera de tratar a otros.

"En la primera epistola de Juan capitulo cuatro verso ocho nos dice que Dios es Amor. Para poder entender el verdadero significado de amar hay que conocer a Dios. El amor de Dios es más que sentimientos, es entrega, dedicación, perdón, comprención, abnegación etc....." E.B.P

El amor a Dios

Los creyentes, tienen la orden de amar a Dios. La mayor motivación para la obediencia es el amor a Dios. Como creyentes, amamos al Señor porque nos amó primero y dio su vida por nosotros. El murió para que pudiésemos ser salvos; por eso le amamos. Cuando hablamos del amor a Dios, tenemos que tener presente, el amor de Dios hacia nosotros. "De tal manera amó Dios al mundo que ha dado a su Hijo unigénito, para que todo aquel que en Él cree, no se pierda, más tenga vida eterna (Juan 3:16). Esta es la primera mención del amor de Dios en este Evangelio. Es el tema dominante del libro de Juan. Aquí hay algo que todos debemos saber, el amor de Dios es universal. Es para todos los hombres, ninguno queda excluido. Esto explica por qué Dios hizo lo que hizo: ¡Él amó! La palabra griega es *egapesen*. Este es el amor que impulsa el interés hacia otros sin ningún pensamiento para sí. Es un amor dispuesto arriesgarlo todo por el bien de la persona amada, un amor que no calcula el precio como demasiado grande si alguien más grande puede recibir el beneficio. Después de saber lo grande del amor de Dios hacia nosotros ¿Sería mucho pedir silos creyentes le amaran de la misma forma? ¡Creo, que sí!

El amar a Dios está íntimamente asociado con Dios mismo. Si vemos a Dios como un tirano o dictador, probablemente le tendremos miedo y nuestro amor solo se expresará por lo que tenemos. Si lo vemos como a "Santa Claus", todopoderoso, nuestro amor será egoísta. Lo amaremos sólo si cumple todos nuestros deseos.

Moisés en el desierto, mandó al pueblo a amar a Dios. Pero primero le dijo, "Oye Israel, Jehová nuestro Dios, Jehová uno es" (Deuteronomio: 6:4). De esta manera Moisés quiso que supieran sin lugar a duda que Él era el Dios de ellos.

Al saber que el Señor no era simplemente otro dios, ni una multiplicidad de dioses, como los que habían encontrado en Egipto, los israelitas sabían que Él era el único Dios en quién podían confiar. Él les había demostrado esto repetidas veces al sacarlos de Egipto y durante los años en el desierto. Demostró su poder mediante sus victorias sobre todos los enemigos que ellos enfrentaron durante ese tiempo.

En las ordenes dada por Moisés al pueblo, él les dijo que amaran a Dios de tres maneras: (1) de todo corazón (2) con toda su alma (3) con todas sus fuerzas.

Esto se refiere a los diferentes aspectos de una persona. Esta es la forma que Dios quiere que los creyentes le amen; la orden aún permanece viva. Quiero detallar estos tres puntos: El corazón se refiera al parte "no material" del hombre, sino su naturaleza interior. También se ha interpretado que significa mente, pensamiento y voluntad. Se refiere a la intención o voluntad de la persona completa.

El alma denota todo el ser. Muchas veces se traduce en la Biblia como "vida". Señala al deseo o inclinación que existe en el ser humano. En cuanto a la "fuerza", ha sido un concepto difícil de traducir del idioma hebreo. El termino expresa la idea de "mucha fuerza". En Marcos 12:30, la palabra "fuerza" se traduce del hebreo como "mente y fuerza". En Mateo 22:37, la palabra "mente" se usa para expresar el concepto. Este pasaje parece significar qué fuerza indica la dedicación total de todo lo que hay dentro del hombre.

El mandato de amar al Señor comprende una completa dedicación de todo lo que hay dentro del individuo. Debido a que está incluido todo lo que una persona es, esta dedicación debe reflejarse en cada aspecto de su vida. Cuando un cristiano ama a Dios, no es solo un sentimiento lo que tiene. Más bien, significa que le dedica toda la vida. Para aquel pueblo, esto significaba obediencia a una serié especifica de mandamientos. Para el creyente, esto se refiere a un estilo de vida que refleja la presencia dentro de él, de un Dios santo, justo y misericordioso.

La enseñanza de la Palabra de Dios

La enseñanza de la Palabra de Dios, y su aplicación en todos los ámbitos, debe ser lo primordial en la vida del creyente. Mencionamos anteriormente lo que le dijo Moisés al pueblo de cómo deberían amar a Dios. Con todo el corazón, el alma, y las fuerzas. El corazón es más que las emociones; abarca todo el ser interior. Tener las palabras de Dios en su corazón significaba que la Palabra de Dios penetraría todo su ser, y como resultado, se reflejaría en todo lo que hicieran.

Además de guardar las palabras de Dios en el corazón, los israelitas tendrían la responsabilidad de enseñarles esos mandamientos a sus hijos. La intención nunca fue que Su pueblo lo conocían a Él de manera exclusiva. Para que la próxima generación conociera a Dios, los adultos tendrían que enseñarles a sus hijos acerca de Él. Y el mejor tiempo para decirles a los niños algo importante es todo el tiempo. En otras palabras, Moisés les dijo a los israelitas que les enseñaran a sus hijos los mandamientos de Dios cada vez que estuvieran con ellos.

Cuando servía en las Fuerzas Armadas de los Estados Unidos, conocí a un compañero de trabajo de nombre, Jose Antonio Rivera. Por medio de conversaciones, pude descubrir que él era cristiano. Lo invité varias veces a la iglesia y como muchos, siempre buscaba una excusa para no ir. Un día, le pregunté, "¿Puedes llevar tus hijos a la Escuela Dominical para que aprendan la Palabra de Dios?" Me contestó, "Birriel, para que mis hijos aprendan la Palabra de Dios, no los tengo que llevar a la iglesia, yo mismo les puedo enseñar para que nadie los engañe." Yo le pude contestar, ¿cómo le vas a enseñar la Palabra de Dios, si tú no visitas la iglesia, dime cual es la fuente de enseñanza que tú utilizas para enseñarles la Palabra? Me dijo: "La Biblia".[9]

No estoy en desacuerdo que los hijos se le puedan enseñar la Palabra de Dios en el hogar. La Biblia dice, "Y estas palabras que yo te mando hoy, estarán sobre tu corazón. Y las repetirás a tus hijos, y hablarás de ellas estando en tu casa, y andando por el camino, y al acostarte, y cuando te levantes" (Deuteronomio 6:6-7). Pero el lugar que se hizo especial para ello es la Escuela Dominical. Además, ¡cómo puede el Sr. Rivera enseñar la Palabra de Dios si él no se congrega.? Él tiene que aprender y vivir la Palabra de Dios. Debemos cultivar buenos creyentes para la iglesia futura. Enseñémosles el camino de la salvación y de cómo vivir para Dios.

Mucha gente de hoy día considera el cristianismo como "algo personal". Esto significa que, aunque

---

9   Experiencia con Jose Antonio Rivera, mayo 1997

su experiencia con Cristo pueda ser real, ellos se la guardan para sí mismo, no se la cuenta a nadie más. De la misma manera que Dios mandó a los hijos de Israel a que hablaran a sus hijos de los mandamientos así mismo los cristianos de hoy deben hablar de su fe a sus hijos.

Amor por la Palabra de Dios

Además de demostrar el amor de Dios al enseñarles las verdades de su Palabra a sus hijos, Dios también dio otros dos mandamientos a los hijos de Israel con respecto a los Diez Mandamientos. Les indicó, "Y las atarás como una señal en tu mano, y estarán como frontales entre tus ojos; y las escribirás en los postes de tu casa, y en tus puertas" (Deuteronomio 6:8-9).

En la época de Cristo como en la nuestra, los judíos pensaron que éste mandamiento significaba, literalmente, atar una cajita a su mano izquierda y a su frente mientras oraban. Estas "filacterias" o "escapularios" contienen esta porción de Deuteronomio o el pasaje semejante hallado en Éxodo. Las cajitas de las escrituras son para recordar a los judíos las obligaciones y la devoción a Dios que ellos tiene como el pueblo de Dios, así como las promesas que Dios les ha hecho.

Los verdaderos creyentes atan la Palabra de Dios en su mente y la clavan a la puerta de su corazón al memorizarla, el propósito de Dios de mandar a los judíos que hicieren estas cosas se cumplirán también en ellos. Al recordar constantemente los mandamientos, estatutos y decretos de Dios, el pueblo de Dios sería obediente a los mandamientos de Cristo. La misma Palabra enseña a través de su autor Jesús, otro mandamiento, "Y amaras al Señor tu Dios con todo tu corazón, con toda tu alma y con toda tu mente y con todas tus fuerzas. Este es el principal mandamiento. Y el segundo es semejante, amarás a tu prójimo como a ti mismo. No hay otro mandamiento mayor que estos."

CAPITULO IV

LA SALVACIÓN UN PROCESO DE GRACIA Y FE

Arrepentimiento

Después de haber considerado el origen del hombre y su caída en el pecado, lo más lógico es que nuestro próximo paso se ahondar en los conocimientos acerca de la gracia salvadora de Jesucristo. Según voluntariamente el hombre decidió apartarse de Dios, ahora el mismo Dios ha provisto la salvación por su gracia y el sacrificio de Jesús. Ahora, conociendo la realidad que la mayoría de los religiosos no han conocido la verdadera conversión, para ser salvo él tiene que arrepentirse y creer en Cristo.

La información que se ha recopilado para la continuación de esta tesis, considera la interacción de Dios y el hombre en actos como arrepentimiento, la fe, regeneración, el nuevo nacimiento, y la justificación. Todas estas obras divinas desempeñan un papel muy importante en el proceso general de la salvación. Mucho hincapié se hace en la actitud del ser humano ante estos aspectos de la obra salvadora. Por supuesto, necesitaríamos mucho más que estas páginas para confrontar esta realidad más exhaustivamente. Pero yo estoy convencido de que este trabajo, bajo la dirección del Espíritu Santo nos pueda dar una clara visión a una realidad que vivimos, necesitamos la gracia salvadora de Jesús, para poder lograr el disfrute de Su promesa.

Antes de entrar de lleno a este capítulo se definirán dos palabras las cuales se van a usar en los próximos segmentos. Son ellas: (1) "Arrepentimiento." Viene del término griego *metanoia,* que significa "cambio de mentalidad" y "cambio de dirección". (2) "Fe." Esta palabra viene del griego *pistis* o *pisteo* y significa "creer", "confiar" y "esperar". Los teólogos latinos dicen que las tres raíces de la fe son: la *notitia,* "conocimiento" *fiducia,* "confianza" y la *asencia,* "aceptación".

Antes de hablar del arrepentimiento, es necesario recordar la realidad del estado del hombre. El hombre es esclavo del pecado. No hay quien pueda declararse justo, aunque muchos pretendan hacerlo, pues la Biblia declara: "Por cuantos todos pecamos, fuimos destruidos de la gloria de Dios" (Romanos 3:23). Considerando este pasaje, creo más en mi pensamiento, que el mundo cristiano está lleno de simpatizantes, los cuales necesitan salvación de verdad. Según la Palabra de Dios son dos imprescindibles elementos de respuesta para que el plan divino de la salvación pueda realizarse, el arrepentimiento y la fe.

Jesús dijo: "El tiempo se ha cumplido, y el reino de Dios se ha acercado; arrepentíos y creed en el evangelio" (Marcos 1:15). Cuando el mensaje de Dios llega al hombre, se realizan dos milagros: (1) El pecador se da cuenta de su estado pecaminoso; siente vergüenza, como le sucedió a Adán y a Eva en el huerto (Génesis 3:9), y empieza a querer liberarse de los tentáculos del pulpo espiritual que lo ha mantenido en la miseria. (2) La persona se siente poderosamente impulsada a abandonar su vida de pecado, como le sucedió al hijo prodigo (Lucas 15:18); e inicia el camino de regreso. De ahí el sentido de palabra *metanoia*.

Es común ilustrar el arrepentimiento con la experiencia del hombre que hace un viaje en tren, pero que, de repente descubre que se equivocó y va en dirección opuesta a su destino. Después de recibir la información correcta, al llegar a la próxima estación, decide bajar de ese tren y tomar otro, en sentido contrario, el cual lo llevara al lugar deseado. Cuando el hombre se vuelve a Dios, se aleja del pecado. Arrepentirse es volver a Dios y dar la espalda al pecado.

"En este mismo tiempo estaba allí algunos que le contaban acerca de los galileos cuya sangre Pilato había mezclado con los sacrificios de ellos. Respondiendo Jesús, le dijo: ¿Pensáis que estos galileos, porque padecieron tales cosas, eran más pecadores que todos los galileos? Os digo: "No; antes si no arrepentís, todos pereceréis igualmente. O aquellos dieciocho sobre los cuales cayó la torre en Siloé, y los mató, ¿pensáis que eran más culpables que todos los hombres que habitan en Jerusalén. Os digo: "No; antes si no os arrepentís, todos pereceréis igualmente" (Lucas 13:1-5).

Aquí vemos a Jesús frente a los judíos enseñándoles que el arrepentimiento es necesario para escapar de la condenación. Poco después de que Pedro había enfrentado a la multitud en el aposento alto, exhortándonos al arrepentimiento (Hechos 2:38) en el pórtico de Salomón, proclamó con vehemencia, haciendo hincapié en que el arrepentimiento es necesario para el perdón de los pecados y para poder disfrutar de las bendiciones del Señor (Hecho 3:19). El arrepentimiento genuino; es la diferencia de los creyentes y de los que simplemente simpatizan.

El arrepentimiento se proclama con todo vigor en el Nuevo Testamento, como un imperativo divino. Cuando Pablo llegó a Atenas, les hizo ver a los griegos la necesidad del arrepentimiento como un mandato de Dios, a toda gente, en todos los lugares. Con respecto a esto dice la Biblia: "Pero Dios habiendo pasado por alto los tiempos de esta ignorancia, ahora manda a todos los hombres en todo lugar a que se arrepientan. No hay excepción son "todos" y "en todo lugar".

Fe

Para que un individuo se vuelva a Dios necesita fe. La fe salvadora es otro de los grandes milagros que Dios realiza en el corazón del hombre en este proceso de salvación. El arrepentimiento tiene que ver con el pasado y el presente del hombre; la fe, con el presente y futuro. El arrepentimiento tiene que ver consigo mismo y con el pecado; la fe tiene que ver con Dios y sus promesas para el hombre. A ciencia cierta, no se puede decir si el arrepentimiento viene primero o la fe. Uno puede preguntarse: ¿Se puede necesitar fe para arrepentirse, o es necesario arrepentirse para tener fe? La respuesta más correcta es que ambos milagros suceden en el corazón del pecador de manera simultánea. El arrepentimiento y la fe son concomitantes. Ambos se reclaman. Uno implica al otro. Ninguno es posible sin el otro. Porque se necesitan mutuamente para ponerse en acción. Al mismo tiempo y en el acto el hombre se aleja del pecado (arrepentimiento) y se acerca a Dios (fe).

La fe que justifica no es simplemente un conocimiento histórico, sino consiste en el asentimiento a las mesas de Dios, en las que se ofrecen gratuitamente, por los méritos de Cristo, el perdón de los pecados y la justificación. La fe no es simplemente un conocimiento de la inteligencia, sino también cierta confianza de la voluntad. Es decir, consiste en querer y aceptar lo que ofrece la promesa divina. A medida que el creyente vaya creciendo en su vida espiritual, significa: que la fe es el "motor" que mueve su vida.

Fundamentalmente, la fe se requiere para la salvación y la creencia en Jesucristo. Es por ello que Pablo dice: "la fe viene por el oír, y por el oír, la palabra de Dios." Una vez que el individuo escucha la Palabra de Dios, la obra del Señor comienza a realizarse en su corazón. La palabra hace su poderoso efecto y conduce el hombre hacia Dios (Juan 3:15). Es la fe que nos inicia en el proceso de la salvación, el glorioso proceso de llegar a ser hijos de Dios. "Pues todos sois hijos de Dios por la fe en Cristo Jesús" (Gálatas 3:16). Tal como se indica en el diccionario bíblico, los tres ingredientes de la fe son: (1) El conocimiento *(notitia)*, oír la Palabra de Dios; (2) la confianza *(fiducia)*, la seguridad de que Dios llama y ofrece salvación; y (3) la aceptación *(asencia)*, la capacidad de aceptar el don divino y obedecer las demandas del Evangelio.

Regeneración y Nuevo Nacimiento

El nuevo nacimiento es el acto por el cual el creyente nace a la nueva vida en Cristo después de haber sido engendrado por la palabra. El creyente recibe como un "sello", la regeneración. Este es el acto divino por el cual Dios engendra la vida espiritual del creyente por medio de la Palabra, por el Espíritu Santo.

La regeneración es una doctrina determinante para el cristianismo. Que la Palabra en el original griego solo aparezca dos veces en el Nuevo Testamento, (Mateo 19:28 y Tito 3:5), no es razón para desvirtuarla. El vocablo griego es *paligenecia,* y se deriva de *palin,* que es igual a "de nuevo" y *génesis* que significa "principio". En conjunto, estos dos términos significan, "principiar de nuevo". "Nuevo principio, tanto en el sentido de renovación a una mayor y mejor existencia." En el pasaje de Mateo 19:28, *paligenesia* se usa como una referencia a la renovación escatológica del mundo, y no tiene nada que ver con la doctrina del nuevo nacimiento.

No obstante, en Tito 3:5, si se refiere a la renovación espiritual, a cuál se realiza en la conversión del individuo. La regeneración es el acto de Dios en el cual el principio de la nueva vida es implantado en el hombre, haciéndolo santo.

Con esta definición, y en armonía con el pasaje de Tito, debemos decir que la regeneración no es el producto de los méritos humanos, sino que es un acto divino. Cuando una persona llega a tener convicción de pecado y se arrepiente, por fe en la Palabra de Dios efectúa en ella una renovación espiritual. Es un milagro de misericordia de Dios, por el cual no ha aplicado el "lavamiento de la regeneración". Como regenerados, somos renovados por el Espíritu Santo. Vivamos, pues, santa y píamente para Él.

El Nuevo nacimiento se puede explicar en detalles cuando el Señor tiene el encuentro con Nicodemo (Juan 3:1-15) y la declaración que el Maestro divino le hace a su interlocutor sobre la necesidad de nacer de nuevo. Observamos que el "nuevo nacimiento" es una experiencia espiritual y, como tal, es obra del Espíritu Santo por medio de la Palabra de Dios. El requisito es que la persona crea que Jesús es el Cristo, y se decida aceptarlo como su Señor y Salvador.

Una vez que el individuo ha nacido de Dios, ya no practica el pecado (1 Juan 3:9). Solo hace lo que es justo y bueno (1 Juan 2:29). La experiencia del nuevo nacimiento trae una nueva energía al creyente y éste es capacitado para hacer cosas que anteriormente era incapaz de realizar. Por ejemplo, es fácil decir que amamos, todos se consideran seres amantes y amables, pero la realidad es otra, y no necesita explicación. Sin embargo, el que es nacido de Dios está capacitado para amar (1 Juan 4:7) y vencer las corrientes del mundo su oropel y sus atractivas provocaciones hacia el hedonismo y la lujuria. El que ha nacido de Dios es un vencedor. Los creyentes genuinos son los verdaderos vencedores.

¿Sabe usted por qué los que han nacido de Dios no pecan? La razón es muy simple. El creyente está protegido por Cristo y el malo no puede tocarlo (1 Juan 5:18). La importancia trascendente de esta doctrina es que si no se nace de nuevo no se puede ver el reino de Dios (Juan 3:3). Es un nuevo nacimiento e implica una nueva vida, la cual Cristo ofrece en abundancia (Juan 10:10). Y, sobre todo, Él hace de esta nueva vida su morada (Gálatas 2:20).

Muchos se preguntan, ¿qué diferencia hay entre la regeneración y el nuevo Nacimiento? Como actos divinos de salvación, estos dos elementos son, uno solo. Podemos argumentar que Dios no regenera al que no ha nacido de nuevo y no nace de nuevo el que no ha sido regenerado. Sin embargo, para entenderlos mejor, estos actos divinos se dividen a veces ilustrándolos con la concepción y el nacimiento de un bebé. La regeneración es el acto creativo invisible por el cual Dios engendra la vida nueva; el nuevo nacimiento es el alumbramiento, por el cual el nuevo ser sale del vientre. También se puede ilustrar con la semilla en a tierra, la germinación de esta y su surgimiento como planta.

Justificación

Regeneración y Justificación, son elementos importantes que caracterizan a un creyente y son de necesidad mencionarlos. A veces muchos creyentes dudan de su salvación porque no entienden el proceso.

Después de terminar un avivamiento juvenil, me preguntó una joven de nombre Barbara Ramos: "Pastor, ¿si no hablo en "lenguas" no soy salva? Le expliqué lo que dice la Biblia con respecto a las "lenguas", la manifestación del Espíritu Santo y además le expliqué el papel que juega el Espíritu Santo en el proceso de regeneración. El cual esta explicado en este capítulo. Después de mi explicación, me dio las gracias y me confesó que ya no estaba asustada porque creía que no era salva. Por eso es necesario que los creyentes tengan conocimientos de estos términos, de los cuales no se habla mucho en las iglesias.[10]

Justificación viene del vocablo griego *dikaiosis* y significa "quedar sin culpa". Es un acto por el cual Dios declara al hombre "libre" de culpa por el perdón de pura gracia y "aceptable" ante Él por los méritos de Cristo. La justificación es una doctrina relevante, dentro del plan de salvación. Las raíces

---

[10]   Conversación con Barbara Ramos, noviembre 2001

griegas de este término son *dikaiosis,* el cual aparece dos veces en el Nuevo Testamento, ambas en la Epístola a los Romanos "El cual fue entregado por nuestras transgresiones, y resucitado para nuestra justificación" (Romanos 4:25). "Así que, como por la transgresión de uno vino la condenación a todos los hombres, de la misma manera por la justicia de uno vino a todos los hombres la justificación de vida.

Para el apóstol Pablo, así como la muerte y la condenación van juntas. También la justificación y la vida son igualmente inseparables. Esto significa que ser justificado, por la obra reconciliadora de Cristo es disfrutar de la paz original y genuina con Dios. Al hablar de la necesidad de paz, debemos entender que anteriormente ha habido un estado de conflicto, de guerra. Este conflicto existía entre Dios y nosotros a causa del pecado, pero por fe hemos sido perdonados y justificados; y ahora "tenemos paz para con Dios por medio de nuestro Señor Jesucristo." Igualmente podemos decir que hemos sido removido de una condición de enemistad y colocados en un estado de comunión con Dios por medio de la reconciliación con Cristo Jesús. (Romanos 5:1).

El instrumento causal de la justificación es la fe. "Porque por gracia sois salvo por medio de la fe..." (Efesios 2:8). En Romanos 3:28, Pablo afirma, "concluimos, pues, que el hombre es justificado por la fe, sin las obras de la ley." Por último, el mismo escritor y en la misma carta Romanos 4:5 dice: "Mas al que no obra, sino cree en aquel que justifica al impío, su fe le es contada por justicia." Por tanto, si queremos tener la seguridad del amor de Cristo, de su perdón y aceptación, debemos estar dispuestos a entrar en la dimensión de la fe, a hacer lo que la fe reclama.

Los actos de la regeneración y el nuevo nacimiento nos insinúan la vida hogareña, espiritualmente hablando. En cambio, la justificación y la adopción nos hablan de un tribunal, en el cual el Juez, Dios, por los méritos de la sangre de Su Hijo, y basado en la fe que demuestra el aceptante. El declara a este inocente de culpa y apto para ser adoptado como hijo suyo. La persona justificada queda delante de Dios como si jamás lo hubiera ofendido.

Usted no puede justificarse a sí mismo. Haga a un lado todas las formas que ha usado para convencer a Dios, a usted mismo y a otros, de que sus méritos humanos lo hacen digno de admiración, amor y respeto. Solo Dios puede hacerlo.

El proceso de la justificación realmente es muy simple. A veces nos parece complicado porque suena demasiado bueno para ser verdad. La justificación por gracia, es un "don" (Romanos

3:24). Esto no significa que el pecador tenga que tratar de comprar el amor y la aceptación de Dios, porque ya han sido amado y aceptado por Él sin ninguna cualificación o requisito. Dios no ha dicho: "Yo te amaré si eres bueno", o, "si demuestra que eres digno", o, "si haces aquello". El simplemente ha dicho "De tal manera amó Dios al mundo, que ha dado a su Hijo unigénito... (Juan 3:16).

Esto no significa que el amor del Señor sea ciego. Él nos ve tal cuales somos y nos conoce aún mejor que lo que nosotros mismos nos conocemos. La justificación significa: que a pesar de que las cosas no estén bien en nuestra vida interior y en nuestras relaciones personales, Dios nos perdona y nos acepta. Por tanto, no hay necesidad de desesperamos o de estar ansiosos, ni intentar hacer las cosas bien cuando no podemos hacerlo nosotros. ¿Cómo sabemos que esto es verdad? Porque el Señor mismo lo enseñó y probó con sus acciones. "Cuando aún eramos débiles, Cristo murió por los impíos... siendo aún pecadores Cristo murió por nosotros" (Romanos 5:6-8).

Este sacrificio tan grande, fue hecho para que los creyentes pudieran glorificarse en Él. Dios no es sólo para los que crean en Él, sino también lo es para los que están en contra de Él. También lo es para aquellos que viven sin Él. Esto significa que la gracia de Dios no es una recompensa para los justos, sino un regalo concedido absolutamente gratis a los que aún no le conocen. ¿El resultado? Los que creen son justificados por la gracia de Dios y "herederos conforme a la esperanza de la vida eterna" (Tito: 3:7). Creyente fiel, no pierdas tu salvación. Atesórala, porque fue dada por gracia.

Todo creyente debe saber que la salvación es un proceso que incluye varias doctrinas fundamentales. En ellas vemos la gloria de Dios rescatando al hombre de su perdición y convirtiéndole en un fiel creyente. La fusión de la voluntad divina y la humana es necesaria para obtener este precioso don. El arrepentimiento y la fe son proclamados por la Palabra de Dios como necesarios para el perdón de los pecados. Estos dos elementos son indispensables para ser salvos. La regeneración es "empezar de nuevo." Esto significa que el creyente inicia una nueva vida en Cristo Jesús. No es asunto de reorganizar su pasada existencia, ni pude decir, "Me estoy regenerando poco a poco." La regeneración es un acto divino que establece una nueva relación con nuestro Salvador Jesucristo. La fe y la gracia son elementos que intervienen en la justificación. Su participación es determinante para la obtención de la salvación en toda su intensidad. El hombre, para ser salvo debe arrepentirse de sus pecados y descansar en los méritos ya hechos por Jesús en la cruz.

CAPÍTULO V
¿QUE NOS ESPERA?

Recompensa para el creyente

El Señor prometió que vendría por su pueblo a esto dice la Biblia: "Porque el Señor mismo con voz de mando, con voz de arcángel, y con trompeta de Dios, descenderá del cielo; y los muertos en Cristo resucitaran primero. Luego nosotros los que vivimos, los que hayamos quedado, seremos arrebatados juntamente con ellos en las nubes para recibir al Señor en el aire, y así estaremos siempre con el Señor" (1 Tesalonicenses 4:16-17).

El creyente debe estar preparado para el suceso más importante de su vida, el momento en que Jesús levante a los suyos. Este evento se le llama la segunda venida de Cristo. Esta es la esperanza viva de todo creyente (Tito 2:12,13). Antes de su muerte el Señor les prometió a sus discípulos, "Vendré otra vez" (Juan 14:3). Después de su resurrección, mientras Cristo ascendía, dos seres angelicales consolaron a los discípulos, reiterándoles la promesa: "este mismo Jesús, que ha sido tomado de vosotros al cielo, así vendrá como le habéis visto ir al cielo (Hechos 1:11).

Con la segunda venida de Cristo, el plan eterno de la redención se extenderá a una nueva dimensión: el traslado de los creyentes a un lugar especialmente preparado para ellos. La primera venida de Cristo fue anunciada ampliamente en el Antiguo Testamento, y todas las profecías acerca del Mesías se cumplieron fielmente en Él. De la misma manera, la segunda venida de Cristo es un tema que encontramos en toda la Biblia.

En el ambiente religioso hay varias maneras de tratar el tema. En esta tesis se mantiene que el evento que la Biblia describe como "la segunda venida de Cristo" será un suceso previo al milenio y que comprenderá de dos etapas: (1) el arrebatamiento o traslado de la Iglesia que sucederá antes de la gran tribulación y (2) la revelación o segunda venida propiamente dicha, en la que Cristo se manifestará al mundo final de la gran tribulación con sus santos para juzgar a las naciones e inaugurar el reino milenial.

Enoc, el final de una vida consagrada

El capítulo 5 de Génesis es una presentación de la genealogía humana desde Adán hasta los hijos de Noé. Se presenta a los personajes de una forma rápida, dando su nombre, su edad al nacer su hijo primogénito y el total de sus años al momento de su muerte. Cada reseña termina con la frase "Y murió". No hay nada sobresaliente que decir de ellos. Fueron solamente un eslabón en la cadena genealógica.

Cuando se llega a Enoc (Génesis 5:21-24) termina la monotonía. Él es el único de quien se dice algo diferente. Al terminar la reseña de Enoc, el escritor dice: "Camino, pues, Enoc con Dios, y "desapareció", porque le llevó Dios". Aunque había nacido y comenzando al igual que los demás, la vida para Enoc fue diferente. El cuadro que se presenta es el de una comunión intima entre él y Dios, a tal grado que, en vez de experimentar la muerte física como cualquier mortal, el Señor lo trasladó directamente a su presencia.

El escritor de la carta a los Hebreos incluye a Enoc en la galería de los héroes de la fe y asegura que "antes que fuese traspuesto, tuvo testimonio de haber agradado a Dios" (Hebreos 11:5). Los que le conocían, sabían que él vivía una vida de intima comunión con Dios. Enoc es, pues, un tipo de la iglesia e ilustra de manera real y emotiva la experiencia de los creyentes que estén vivos en el momento de la segunda venida de Cristo. Según las escrituras no son los que estén vivos en el momento de la segunda venida de Cristo, sino los que estén vivos y sean agradables al Señor. Estos: (1) serán llevados al cielo antes de que el juicio de Dios se derrame sobre la tierra; (2) no verán muerte, sino que sus cuerpos serán transformados; y (3) su consagración a Dios será un testimonio de juicio en medio de un mundo corrompido por el pecado.

Elías, recompensa de una vida de servicio

Elías es considerado uno de los profetas más grande del Antiguo Testamente. Sirvió a Dios en una de las épocas más difíciles de la historia de Israel, especialmente durante el reinado del idolatra Acab y su malvada esposa Jezabel, quienes pervertían al pueblo e inducían a los débiles a dejar de adorar a Dios. El ministerio de Elías estuvo lleno del poder y la unción de Dios de tal modo que fue capaz de enfrentar a toda una hueste de falsos profetas y a reyes paganos mismos. Dios obró milagros portentosos por la mano de su siervo, aunque no dejaba de ser tan humanos como cualquiera de nosotros (Santiago 5:17).

Al llegar al final de sus días sobre la tierra, Dios hizo con el igual que lo que hizo con Enoc, lo transportó al cielo si ver muerte. Los medios que Dios usó fueron muy singular: un carro de fuego tirado por caballos de fuego y un torbellino que arrebató a Elías. Tan maravilloso fue el traslado de este profeta que algunos han intentado sugerir, equivocadamente por supuesto, que el relato es obra de algún devoto discípulo de Elías que quiso darle a su maestro un final tan glorioso como su ministerio. Sin embargo, su ida al cielo es un maravilloso tipo del momento en que el Señor lleve a su iglesia con Él.

Dios nos enseña por medio de Elías, que vale la pena servirle y serle fieles bajo cualesquiera circunstancias. Si estamos vivos en el momento de su venida, también seremos transformados y trasladados al cielo con Elías. Todo fiel creyente y siervo, podrá disfrutar de este momento tan esperado por el pueblo de Dios.

Jesús prepara lugar para su iglesia

En el escenario de la ultima cena de Jesús con sus discípulos, antes de ser llevado a la cruz, les hizo una promesa gloriosa: "Y si me fuere y os preparare lugar, vendré otra vez, y os tomaré a mí mismo, para que donde yo estoy, vosotros también estéis" (Juan 14:3). Las palabras de Cristo son enfáticas y reflejan plena seguridad. Nada impedirá Su resurrección y Su ascensión, y tampoco nada impedirá que venga nuevamente y se lleve a los suyos a la habitación celestial que Él fue a prepararles.

La idea de que Cristo regresaría para llevarlos al cielo, no concordaba con las expectativas de los discípulos. Ellos esperaban que Cristo regresara para implantar inmediatamente su reino terrenal. Pero Jesús aquí asegura que antes de aparecer ante el mundo como Rey victorioso y eterno, vendrá por su iglesia para celebrar con ellas las bodas del Cordero.

Lamentablemente, algunos comentaristas y exégetas bíblicos espiritualizan este pasaje y no ven en él una referencia literal a la venida de Cristo. Willian Hull, por ejemplo, dice que: "Este pasaje se refiere principalmente a la venida del Cristo resucitado a la vida del creyente en su existencia terrenal para fortalecerlo y afirmar su corazón turbado." Pero mientras Cristo ascendía, dos mensajeros celestiales confirmaron a los discípulos el consolador mensaje de que ciertamente Jesús vendría nuevamente, así como lo estaban viendo partir (Hechos 1:11). Ciertamente en ese día ellos ya no estarán vivos, pero serán resucitados juntamente con los creyentes de todas épocas.

Por otra parte, podemos también señalar que la ascensión de Jesús al cielo es una lección objetiva del arrebatamiento de los santos, pues Él es la Cabeza de la iglesia; es su Esposo y ha prometido que "donde yo estuviere, allí también estará mi servidor" (Juan 12:26).

"El Señor mismo decenderá del cielo con voz de mando, con voz de arcángel y con trompeta de Dios, y los muertos en Cristo resucitarán primero. Luego los que estemos vivos, los que hayamos quedado, seremos arrebatados junto con ellos en las nubes para encontrarnos con el Señor en el aire. Y así estaremos con el Señor para siempre" 1 Tesalonicenses 4:16-17 NVI

El arrebatamiento

El termino arrebatamiento es el evento en el cual Jesucristo, "en un abrir y cerrar de ojos", trasladará a Su Iglesia para estar con Él. Los términos "arrebatamiento" o "traslación" expresan el sentido de 1 Tesalonicenses 4:17, "seremos arrebatados" (*harpagesómeta*).

Jesús había profetizado la destrucción del templo, y los discípulos la asociaron con el regreso de Cristo a establecer su reino terrenal. Pensaban que todo sucedería mientras ellos aun estuvieran vivos y le estaban pidiendo al Señor que les diera más detalles acerca del cumplimiento de esta profecía, así como las señales de su regreso y del fin del mundo (Mateo 24:3). El comentarista bíblico Frank Stagg dice que esta extensa sección de Mateo (la quinta y una de las más grande) es escatológica en su naturaleza y práctica en su propósito.

Esta escatología apunta hacia la consumación final, tanto en cuanto al juicio como a la salvación. Es práctica porque despierta o alimenta la expectativa en el regreso de Cristo para recompensar a su pueblo y a juzgar al mundo. Al mismo tiempo, para los seguidores de Cristo es una advertencia al no dejarse engañar por falsos cristos y falsos profetas; una motivación a prepararse para su venida y un recordatorio de su misión en el mundo. Al referirse a su venida, Jesús habla de ella como de un acontecimiento repentino, del cual ni los ángeles saben "el día y la hora" en que ha de suceder. Este detalle enfatiza el carácter inminente del regreso de Cristo, y nos llama a una expectativa gozosa y constante del momento de Su venida. Sea que ya hayamos muertos o que estemos vivos, participaremos del glorioso arrebatamiento de la iglesia y nuestra redención será completa.

En este pasaje paralelo, Lucas registra las siguientes palabras de Cristo: "Cuando todas estas cosas comiencen a suceder, erguíos y levantad vuestra cabeza porque vuestra redención está cerca" (Lucas 21:28). La misericordia de Dios es tan grande, que a pesar de la vida que llevemos él nos dará señales y advertencias, dando al hombre más oportunidades para ser salvos.

Estemos preparados

Como lo he señalado, el arrebatamiento de la iglesia ha sido anunciado desde el Antiguo Testamento, enseñado por Cristo y otros escritores del Nuevo Testamento, especialmente el apóstol Pablo, como una gloriosa realidad y esperanza para los creyentes. Cabe preguntarnos; ¿Cuál debe ser nuestra actitud? ¿Qué debemos hacer mientras llega ese memento? En su discurso profético y práctico acerca de los tiempos finales, pronunciado el Monte de los Olivos, el Maestro exhorta a todos los creyentes a que, en vista de que nadie sabe el momento en que Él vendrá; es *nuestra* responsabilidad estar preparados para recibirlo. Para ilustrar el significado de esta preparación, Jesús relata tres historias, que muy bien la podríamos aplicar a nuestra situación particular.

1. La primera, (Mateo 24:45-51) trata de un padre de familia que deja a su siervo a cargo de su casa. El siervo tiene la alternativa de obrar con fidelidad y prudencia y ser recompensado por su amo al regreso, o bien menospreciar la responsabilidad que se le ha asignado. Obrar malvadamente y como resultados, recibir la reprensión y el castigo de su amo. El énfasis aquí esta, en ser un siervo fiel que trabaja

en la obra del Señor, de tal manera que Él se agrade cuando regrese. Frank Stagg dice muy acertadamente "que los seguidores de Jesús no solamente deben esperar su regreso; tienen un trabajo que realizar. Uno no se salva por sus obras, pero si es juzgado por ellas."

2. La segunda, (Mateo 25:1-13) es la historia de diez jovencitas que esperaban llegada del novio para entrar a la fiesta de bodas. Cinco de ellas se prepararon con suficiente aceite en sus lámparas, de tal manera que pudieron reconocer al novio cuando llegó, e inmediatamente se fueron con él. Las otras cinco llamadas "insensatas" por no proveerse de aceite, al estar sus lámparas apagadas, no pudieron seguir el cortejo nupcial. Esta historia nos recuerda que hay tiempo apropiado para prepararse y un tiempo cuando ya es muy tarde para hacerlo.

3. La ultima (Mateo 25:14-30) es acerca de un señor que antes de salir de viaje, entregó, sus bienes a sus siervos, distribuidos en diferentes cantidades a cada uno, para que los administraran y rindieran cuenta cuando él regresara. El énfasis aquí está en el uso apropiado de los talentos o habilidades que el Señor nos ha dado, sabiendo que le rendiremos cuenta a su regreso. El

arrebatamiento de la iglesia es un evento que demanda la preparación constante de nosotros los creyentes y que trabajemos fielmente para quien nos ha salvado y viene pronto por su pueblo.

El Antiguo Testamento anticipa el arrebatamiento de la iglesia. Enoc, el hombre que caminó con Dios y Elías, el profeta que sirvió a Dios, fueron trasladados al cielo sin morir. Ambos son tipos de la iglesia que será levantada por Cristo en su segunda venida. Jesús prometió regresar y llevarse a los suyos. Nada ni nadie impidió que se cumplieran las profecías de su primera venida. Así será con Su promesa de llevar a Su iglesia a sus moradas eternas.

La Biblia describe el arrebatamiento como un acontecimiento repentino. No debemos prestar oídos a los que tratan de señalar fechas para el regreso del Señor. Lo que sí es urgente para todos los creyentes, es aferrarse a las enseñanzas de la Palabra de Dios a fin de estar preparados para el evento glorioso en el cual seremos trasladados al lugar de reunión con nuestro bendito Salvador. Alguien ha dicho: "que debemos esperar a Cristo como si viniera hoy, pero, trabajar para Él como si faltara mucho tiempo para su regreso."

"Porque la paga del pecado es muerte, mientras que la dádiva de Dios es vida eterna en Cristo Jesús, nuestro Señor" Romanos 6:23 RVR1960

Condenación eterna para el simpatizante o incrédulo

El tema del infierno, a muchos no les agrada, especialmente a religiosos. Al hablar del infierno comenzaré por considerar la necesidad de la existencia de tal lugar. Los incrédulos, como el nombre lo dice, no creen en la realidad del infierno. En estos últimos años han surgido algunos grupos, de carácter religioso, cuyos integrantes, dejándose llevar por falsos maestros, andan por el mundo, diciéndole a la gente "que no existe un lugar de tormento eterno". Y, últimamente, el Modernismo está causando tales estragos de orden espiritual. En algunas Denominaciones, que hasta hay ministros que dicen ser predicadores del Evangelio, que no creen en las enseñanzas de Cristo respecto al infierno. Algunos dudan de la realidad del infierno diciendo que no pueden creer que un Dios de amor vaya a mandar a unas criaturas a un lugar de tormento eterno. Por regla general los que dicen esto no tienen en cuenta que en Dios el amor y la justicia están exactamente a la misma altura. En Dios, la manifestación del amor no quebranta la justicia, ni la manifestación de la justicia apaga el amor.

Si en realidad existe un infierno debe ser porque tal lugar es necesario. Ahora bien, ¿Es necesario la existencia de un lugar llamado infierno? Contesto que sí. Dios ha creado a los Ángeles, seres de naturaleza superior al hombre, y los ha dotado de inmortalidad de manera que todos los ángeles que Dios ha creado existirán eternamente. Los ángeles, que "no guardaron su propia dignidad", sino que dejaron su propia morada, están guardados, bajo oscuridad, en cadenas eternas para el juicio del gran día (Judas 6). Dios no perdonó a los ángeles que pecaron. No pueden beneficiarse de la Obra Redentora de Cristo (Hebreos 2:16). Parece haber razones para ello. Aquellos ángeles que pecaron lo hicieron a la luz de Dios. Ellos son completamente responsables de una apostasía voluntaria y arrogante, no habiendo nacido como nosotros en pecado dentro de la solidaridad de la raza humana que entró en Cristo, en gracia y perfección.

Desde que el hombre entró en este mundo, generación tras generación, ha venido suspirando por un mundo sosegado en el que impere la paz, la libertad y la justicia. Pero es inútil que las naciones traten de vivir en paz unas con otras mientras Satanás y sus ángeles caídos estén sueltos en el mundo, incitando a los hombres al pecado, el odio y las guerras. Te pregunto, lector: "Si tú tuvieses el poder para encerrar a esos espíritus malignos en algún lugar," ¿lo harías? Estoy seguro que sí lo harías. En el Evangelio de Mateo 25:41, dice nuestro Señor Jesucristo, que Dios preparó el infierno para el Diablo y sus ángeles.

Si es que algún día hemos de vivir en paz y en gloria como lo estamos esperando, entonces es necesario que Dios nos libre de la presencia de Satanás y de los demonios. Dios ha preparado un lugar para el Diablo y sus ángeles caídos y a ese lugar se le llama el infierno. Los hombres van al infierno porque en lugar de oír la voz de Dios, oyen la voz del Diablo. En lugar de obedecer a Dios, obedecen a Satanás. En lugar de seguir los caminos que conducen al cielo prefieren continuar por las sendas pecaminosas que conducen al infierno.

Dios creó al hombre para que viviese eternamente en paz, y libre de todo Sufrimiento. El hombre, como sabemos, pecó contra Dios por la vía de la desobediencia. El pecado sumió al hombre en un verdadero desastre moral y espiritual. Perdió el vínculo de unión con Dios, que era la fuente de la vida, de la paz y de la felicidad. En cambio, comenzó a sentir los efectos del pecado, operando sobre su conciencia, sobre su alma y sobre su cuerpo.

Ahora bien, si el hombre, en el uso de libre albedrío, voluntariamente, se niega a escuchar la voz de Dios, y en cambio prefiere seguir en los caminos de Satanás, ¿no es lógico, y hasta justo, que al fin vaya a dar al lugar que preparado para aquel a quien obedece? Silos incrédulos, blasfemos, los que se burlan del Evangelio, los que profanan las cosas de Dios y aquellos hipócritas que "se visten de ovejas, pero son lobos rapaces", tuviesen que ser admitidos en el reino de Dios, ¿en que vendría a parar tal reino? Si ha de haber un reino eterno, de paz, y de gloria, entonces es necesario que haya también un lugar al cual sean echados Satanás, los demonios, y con ellos todos los hombres y mujeres que aman el pecado.

Nuestro Señor Jesucristo habló de un lugar de tormento eterno en términos tan claros que no hay lugar a dudas. En Mateo 25:41, el mismo Señor dice que llegará el día cuando el dirá a los que están a su izquierda, "apartaos de mí malditos al fuego eterno preparado para el diablo y sus ángeles." Yen el versículo 46, del mismo capítulo, añade: "E irán estos al tormento eterno, y los justos a la vida eterna." De manera que como se arranca la cizaña, y se quema en el fuego, así será el fin de este siglo. Enviará el Hijo del hombre a sus ángeles, y recogerán de su reino a todos los que sirven de tropiezo, y a los que hacen iniquidad, y los echarán en el horno de fuego allí será el lloro y el crujir de dientes. Entonces los justos resplandecerán como el sol en el reino de su Padre. "El que tiene oídos que oiga" (Mateo 13:40-43).

¿Que será el elemento de tormento que afligirá a los condenados en el infierno? Sea lo que sea, tiene que ser algo tan terrible, tan intolerable, que la única palabra que puede expresarlo es la palabra "fuego". El hombre está constituido de tal manera que tiene, dentro de su ser, todos los elementos necesarios para disfrutar a plenitud la felicidad, o para sufrir el tormento, la angustia, la desesperación y el dolor; y en ese sentido, la conciencia del hombre que no muere y el fuego que no se apaga.

Ya sabemos que hay un lugar de tormento eterno, donde los condenados, lloran y rechinarán sus dientes aguijoneados por el remordimiento, el dolor y la desesperación. Hemos también leído que Jesucristo ha muerto en la cruz para salvar al pecador de aquel lugar de tormento eterno. Dios nos ama; Él nos está llamando al cielo, pero Satanás te está arrastrando al infierno, ¿con cuál de los dos te vas?

CONCLUSIÓN

Desde el principio de la humanidad, desde la caída del hombre, el deseo de Dios es que el hombre se vuelva a Él. Y Dios en su infinita misericordia hizo su parte. "Porque no envió Dios a su Hijo al mundo para condenar al mundo, sino para que fuera salvo por él" (Juan 3:17). Si para Dios, el regreso del hombre a Su gloria es importante, ¿debería ser prioritario para el hombre la Salvación? Llegará el momento en que todos tengamos que comparecer a la presencia de Dios. En aquel momento contestaremos a la pregunta que Dios le hizo al hombre en el huerto del Edén, "¿Dónde estás tú?" (Génesis 3:9). La pregunta no fue formulada porque Dios ignoraba algo sino porque Él quería obtener la respuesta y conducir al hombre a hacer su propia confesión. El hombre había caído y tuvo que enfrentar a Dios. La pregunta, "¿dónde estás tú?" El Señor la sigue preguntando, porque Él sabe que todos necesitamos confesarnos y arrepentirnos. Este arrepentimiento es para todos. Al respecto, la Biblia dice: "por cuanto todos pecamos fuimos destituidos de la gloria de Dios" (Romanos 8:23).

A través de los años de ministerio cristiano, el autor ha descubierto, que dentro del cristianismo hay un gran número de personas que, por sus testimonios, dejan ver claramente la necesidad que tienen de convertirse a Cristo de verdad. El no hacerlo, acarreará serios problemas. Hay que saber que la situación por la que está pasando el mundo inconverso y cristianos falsos es producto del engaño de Satanás. Recordemos Hechos 5:1-11: Satanás tentó a Ananías y Safira a mentirle a Dios y a la iglesia, y Dios les juzgó con severidad. Tengamos en cuenta que su pecado no radicó en que se guardaran una parte del dinero. Su pecado consistió en hacer pensar a los demás que eran muy espirituales cuando en realidad eran unos hipócritas. Aun en la iglesia cristiana hay muchos Ananías y muchas Safiras.

Después de haber leído este trabajo, se dará cuenta que, a pesar de la rebeldía y la desobediencia, Dios ha hecho convenios y acuerdos con el hombre para librarlo del fin que le espera. Ahora, Dios interviene una vez más, para poner al hombre en el lugar original de su procedencia, la Gloria de Dios. Nuestro Señor, por Su amor y su infinita misericordia, hace otro testamento o convenio: Cristo, nuestro Salvador. "Porque de tal manera amó Dios al mundo, que ha dado a su Hijo unigénito, para todo aquel que en él cree, no se pierda, más tenga vida eterna. Aquí vemos el alcance universal. Es para todos los hombres. Ninguno queda excluido. Esto explica por qué Dios hizo lo que hizo: ¡Él amó! La palabra griega es *egapesen*. Este es el amor que impulsa el interés hacia otros sin ningún pensamiento para sí. El amor de Dios es un amor dispuesto a arriesgarlo todo por la posibilidad del bien de la persona amada, un amor que no calcula el precio como demasiado grande si alguien más puede recibir beneficio.

El Don de Dios ha hecho posible que el hombre haga su elección, la respuesta de fe. El vino a salvar al pecador, el no vino a conducir los hombres a juicio sino a la salvación y vida eterna. El Señor nos dejó la siguiente promesa: "para que todo aquel que en él cree, no se pierda, mas tenga vida eterna." (Juan 3:16). Las alternativas están planteadas. ¡Son vida y muerte! El no vino a conducir a los hombres a juicio sino a la salvación. El juicio y la condenación no llegan al hombre que tiene fe. "Él que en él cree, no es condenado, pero él que no cree, ya ha sido condenado, porque no ha creído en el nombre del unigénito Hijo de Dios."

El juicio es inevitable y es el hombre el que lo trae sobre si cuando se niega a aceptar el Don mediador y la expiación de Dios. El hombre es libre para elegir el tormento sin Dios con preferencia a la felicidad en Dios, y por decirlo así, tiene el derecho de ir al infierno. La elección es completamente personal.

Si el inconverso no aprovecha el consejo de Dios a través de Su Palabra, su destino final es inevitable. Como menciona en el capítulo cinco de este trabajo, al final de nuestro andar aquí en la tierra, hay dos lugares finales: (1) el *cielo,* para los que en verdad creyeron en Cristo, Él que por gracia nos trajo la salvación y, (2) el *infierno,* lugar preparado para Satanás y para aquellos que le han seguido y creído en sus mentiras.

¿Qué vas a decidir con tu vida?

NOTAS DEL AUTOR

1. Conversación con dueño de negocio en San Antonio, octubre 2001
2. Entrevista con Adrián Ortiz, marzo 2002
3. Comentario del Dr. Alfredo Moya, enero 2001
4. Consejería Pastoral una madre, julio, 2001
5. Sesión de consejería con la familia Morales, diciembre 2000
6. Entrevista con Maria Ortiz (nombre cambiado), junio 1999
7. Testimonio personal, julio 2001
8. Testimonio personal, marzo 2001
9. Experiencia con Jose Antonio Rivera, mayo 1997
10. Conversación con Barbara Ramos, noviembre 2001

REFERENCIAS

Bubeck, Mark, <u>Venciendo al Adversario</u> Editorial Portavoz, Gran Rapids, MI 1984

Campbell Roger F, <u>Predique Por Un Año</u> Editorial Portavoz, Gran Rapids, MI 1996

Fernandez, Domingo, <u>Mensajes para el Pulpito</u> Clie, Terraza, Barcelona, 1979

Gospel Press Corp, <u>Espositor Dominical</u> Senda de Vida, Miami Fl. 1995

Gruyter, Walter de & Co., <u>Diccionario Hebreo</u> Editorial Portavoz, Argentina 1982

Hamar, Paul A, Primera <u>Epístola a Los Corintios</u> Editorial Vida, Miami Fl. 1983

Hinn, Benny, <u>Buenos Días Espíritu Santo</u> Editorial UNILIT, Miami, Fl. 1990

La Biblia de Las Américas, <u>The Lockman Foundation</u> La Habra, California

La Biblia, <u>Reina Valera</u> Holman Bible Publishing, Nashville, TN. 1997

Leggett, Gary L., <u>Maestro Adulto</u> Gospel Publishing Home, Springfield, MO 1994

Nelson, P.C., <u>Doctrinas Bíblicas</u> Editorial Vida, Deerfield Fl. 1979

Thomas-Peterson, <u>Hombres que Aman Muy Poco</u> Edit. Caribe Nashville TN 1996

Vila-Escuain, <u>Diccionario Bíblico Ilustrado</u> Editorial Clie, Terraza Barcelona 1995

Wood, Charles R, <u>Bosquejo de Sermones</u> Editorial Portavoz, Gran Rapids, MI 1990

EL PROPÓSITO DE LIBRO

El propósito de este libro, entre otras cosas, es, como podemos identificar a aquellos que solamente por haber oído de Dios por medio de las tradiciones, han desarrollado una gran *simpatía* por Él. Además, identificar aquellos que por medio de la Biblia y por medio de su fe han podido encontrar una relación personal con Dios y como consecuencia de esto se han convertido en **verdaderos creyentes** en Él. Este libro nos va a enseñar que hay que salir de la **multitud** que simplemente simpatiza con Dios, y que podamos ser **fieles creyentes** de nuestro Señor Jesucristo. Debemos conocer la diferencia entre ser **simpatizantes** de Dios o creyentes verdaderos. Durante el curso de este libro, se verán los dos lados. Además, señalaré las características de cada uno y los beneficios para el creyente y los resultados negativos para aquellos que solamente **simpatizan.**

BIOGRAFÍA DEL AUTOR

Enrique Birriel Pizarro, autor puertorriqueño, graduado, Escuela Superior Central, Santurce PR. Grado de Bachillerato en Artes, Saint Leo College, St. Leo, Florida, grado de Maestría, en Teología Vision University, Ramona, California. Grado en Estudios Ministeriales, Global University, Sprinfield. MO. Retirado, ejercito de los Estados Unidos, graduado en Curso de Logistica y Personal, Sergeant Major Academy, Fort Bliss, TX. Graduado en Educación Clínica Pastoral, Baptist Hospital, San Antonio, TX.